Kleine Ravensburger

Spatzen brauchen keinen Schirm

Gemalt von Ulises Wensell
Erzählt von Ursel Scheffler

Otto Maier Ravensburg

Meine Oma fürchtet sich nicht. Auch nicht vor nassen Haaren. Sie geht gerne im Regen spazieren. Genau wie Bello. Dem macht der Regen auch nichts aus. Er springt jedesmal vor Freude fast an die Decke, wenn Oma die Leine holt.

Einmal, als es wieder wie verrückt regnete, wollte ich mitgehen. Ich nahm Mamas Schirm, und wir liefen los. Als wir nach Hause kamen, war ich klatschnaß.
„Das nächste Mal müssen wir dich richtig anziehen“, sagte Oma, als sie mir den nassen Pulli über den Kopf zog.

Zum Geburtstag bekam ich von Oma einen gelben Regenmantel. Der geht mir bis weit übers Knie. Die Gummistiefel hat mir der Opa geschenkt. Ich probierte gleich alles an. Aber dann hat es drei Wochen nicht geregnet.

Eines Sonntags, als ich aufwachte, trommelten die Regentropfen an mein Fenster. Es dauerte so lange, bis Oma endlich mit mir spazierenging.
Der Regen tropfte auf meinen neuen Mantel. Aber ich blieb ganz trocken. Das Wasser lief am Rand von meinem Regenhut herunter wie aus einer Dachrinne. Ich hab den Mund aufgemacht und es hineinregnen lassen. Wir sind die Straße entlanggegangen. Aber ich bin nicht um die Pfützen herumgelaufen wie sonst. Ich bin mittendurch gepatscht. Genau wie Bello.

Ein Marienkäfer schwamm im Rinnstein.
Ich hab ihn auf dem Finger herausgeholt und unter einen Busch gesetzt.
„Wo sind die Vögel im Regen?" hab ich gefragt.

„Wir wollen sie suchen", hat Oma gesagt. Und dann fanden wir sie unter den Dächern, auf Fenstersimsen und Mauervorsprüngen.
Viele versteckten sich auch unter den Blättern der Büsche und Bäume.

Zwei Spatzen saßen auf dem Gartenzaun.
„Die werden bald so voll Wasser sein wie mein Pulli neulich",
hab ich zu Oma gesagt, die gerade ihren Schirm aufspannte.
Es regnete immer stärker.
„Spatzen brauchen keinen Regenschirm!" sagte Oma.
Und dann hat sie mir erklärt, daß die Vögel ihr Gefieder
einfetten können.
„Dann perlt das Wasser ab wie von deinem Regenmantel!"

Ich lief ohne Schirm neben Oma her.
Am Gully staute sich das Wasser. Ein Laubhaufen lag da wie ein Damm.
Mit Bellos Stock hab ich ein Loch in den Damm gemacht.
Da ist das Waser in den Gully hinuntergegurgelt.
Weiter oben hab ich noch einen Damm gemacht, und als das Wasser sich wieder gestaut hat, hab ich es noch mal runtergurgeln lassen.

Bello mußte an die Leine, weil wir die Straße überquerten. Er zog und zog. Er wollte zum Wald.
Als wir an die Brücke kamen, floß der kleine Fluß viel schneller als sonst.
Ich hab ein Rindenschiffchen auf der einen Seite hineingeworfen. Das mach ich immer so. Dann bin ich schnell auf die andere Seite gelaufen. Aber da war es längst davongeschwommen.

Der Waldweg war matschig.
Aber da lagen
die langen Baumstämme.

„Paß auf, daß du nicht abrutschst!" sagte Oma.
Erst hat sie mich an der Hand gehalten. Aber als der Weg immer schlechter wurde, ist sie auch auf den Baumstamm geklettert. Sie ist mit ihrem Regenschirm darüber balanciert wie eine Seiltänzerin. Das sah komisch aus!
Es roch herrlich nach Regen im Wald.

Auf einmal war Bello verschwunden.
„Bello! Bello!“ riefen wir um die Wette.
„Ich hätte ihn nicht von der Leine losmachen dürfen!“ sagte Oma bekümmert. „Wenn er jetzt hinter einem Hasen her ist, was dann?“

Da hab ich meinen lauten Indianerpfiff gepfiffen. Den hat Bello gehört und ist zurückgekommen. Aber wie sah er aus! Er war von oben bis unten voller Schlamm. Leider war er nicht über die Baumstämme gelaufen, sondern mitten durch den Matsch.
„Ich glaube, wir sollten umkehren!" sagte Oma.
Da haben wir uns auf den Heimweg gemacht.

„Morgen können wir Pilze sammeln. Die schießen bei dem Regen aus dem Boden wie…"
„…wie die Pilze hier", hab ich gesagt und mich gebückt. Sieben Stück hab ich gefunden und vorsichtig aus dem Boden geholt. Oma hat sie in ihr Taschentuch geknotet und gesagt: „Da mache ich Pilzomelett davon. Für jeden einen Puppenteller voll."

„Na, da seid ihr endlich!" sagte Mama. „Ihr müßt ja ganz durchgeweicht sein! Und wie der Bello aussieht!"
Wir haben die Regensachen über der Badewanne aufgehängt. Opa hat den Bello trockengerubbelt, und Mama hat gesagt: „Ich hab heißen Zitronentee für euch gemacht, damit ihr keinen Schnupfen kriegt!"
„Wie kann man bei so einem Wetter bloß rausgehen!" sagte Papa.
„Regen ist schön!" hab ich geantwortet. Aber er hat es mir nicht geglaubt.

Wir haben uns an den runden Tisch am Fenster gesetzt und zusammen Tee getrunken und von unserem Spaziergang erzählt.

Später hat der Opa mir eine Geschichte vom Sommer vorgelesen. Dabei hat der Regen ans Fenster geklopft. Aber wir haben ihn nicht hereingelassen.
Regen ist schön. Auch von drinnen. Weil es dann bei Geschichten und Tee besonders gemütlich ist.

Ulises Wensell
erhielt für dieses Bilderbuch 1985
den japanischen internationalen Bilderbuchpreis
„Owl Prize"
und steht 1986 in Spanien auf der Liste
der ausgezeichneten Bilderbücher
der Catalonischen Biennale
für Kinderbuchillustrationen.

Kleine Ravensburger

6 7 8 91 90 89

Erstmals 1986 in der Reihe Kleine Ravensburger Nr. 1

Umschlaggestaltung: Kirsch & Korn, Tettnang
Redaktion: Gerlinde Wiencirz

Printed in Germany · ISBN 3-473-33101-5